AF498885

* 9 7 8 6 2 5 4 4 0 3 2 8 6 *

THE ALPHABET OF THE QUR'AN

ERKAM WORLD
INTERNATIONAL ISLAMIC PUBLICATION

Original Title : KUR'ÂN-I KERİM ELİFBÂSI (Maliki)
The author : Commission
Copy editor : Ahmat DEIRANIEH
Translator : İsmail ERİŞ
Redactor : Abdurrahman CANDAN
Dactylography : Ali HÜSREVOĞLU
Graphics : Rasim ŞAKİROĞLU
ISBN : 978-625-440-328-6
Web : www.erkamworld.com
E-mail : info@erkamworld.com
Language : English

Ikitelli Organize Sanayi Bölgesi Mah. Atatürk Bulvarı, Haseyad
1. Kısım No: 60/3-C Başakşehir, Istanbul, Türkiye
Tel: +90 212 671 07 00   Fax: +90 212 671 07 48

رَبِّ يَسِّرْ وَلَا تُعَسِّرْ رَبِّ تَمِّمْ بِالْخَيْرِ

ج	ث ت	ب	ءا
ر	د ذ	خ	ح
ض ص	ش	س	ز
ف غ	ع	ظ ط	ط
م	ك ك ل	ق	
ي	و ه	لا	ن

The letters that are not orginized by alphabet's order

The Arabic alphabet consists of 29 consonants. Every one of these letters are pronounced with a special sound, and it is very important to hear their sounds from an expert who has specialized in the Qur'anic Recitation.

ت	ط	د	ض	ظ
ك	ق	ث	س	ص
ح	خ	ه	ذ	ز
ى	لا	و	ن	ء
ع	ر	ف	ج	ب
ل	غ	م	ك	ش

The Prophet (ﷺ) said:
"Read the Qur'an, for verily it will come on the Day of Judgment as an intercessor for its companions."

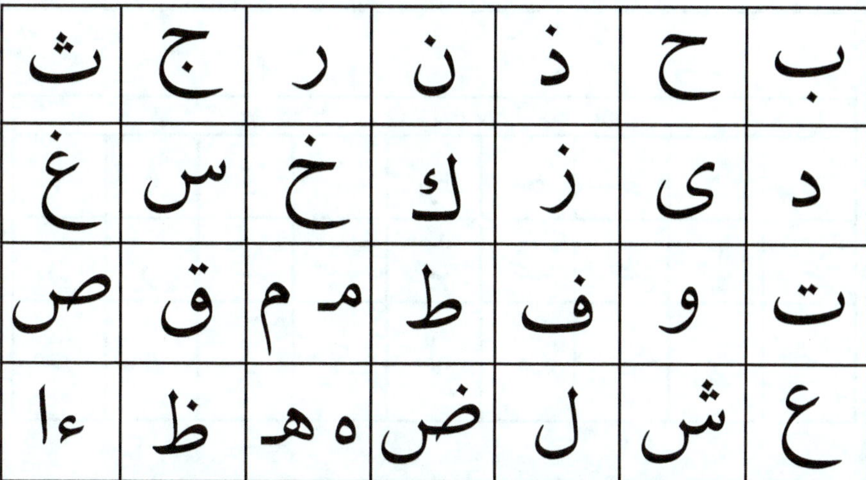

Compare the letters and say their names by paying attention to the differences between them.

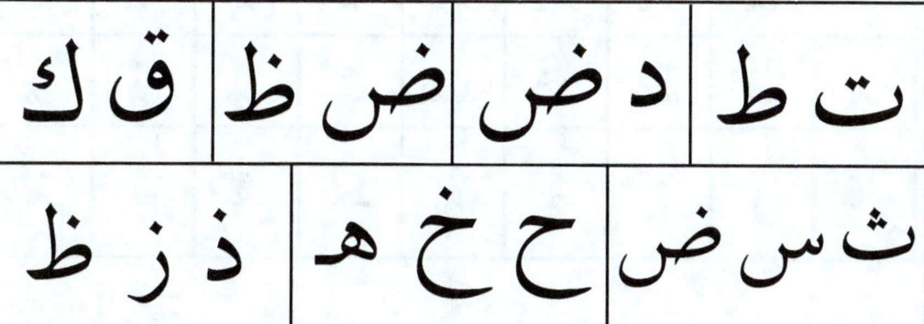

The following letters are always recited with a heavy pressured sound.

The following letters are always recited with a heavy pressured sound. The two letters (ل، ر) are read sometimes with heavy sound and sometimes with a soft sound.

ALONE, INITIAL, MEDIAL AND FINAL WRITTEN FORMS OF ARABIC LETTERS

Initial Written Forms Of Arabic Letters

ذ	د	خ	ح	ج	ث	ت	ب ا
ع	ظ	ط	ض	ص	ش	س	ز ر
ه ي	و	ن	م	ل	ك	ق	ف غ

Medial Written Forms Of Arabic Letters

ذ	د	خ	ح	ج	ث	ت	ب ا
ع	ظ	ط	ض	ص	ش	س	ز ر
ه ي	و	ن	م	ل	ك	ق	ف غ

Final Written Forms Of Arabic Letters

ذ	د	خ	ح	ج	ث	ت	ب ا
ع	ظ	ط	ض	ص	ش	س	ز ر
ه ي	و	ن	م	ل	ك	ق	ف غ

Reading the three vowels

Learning how to read the vowels placed above or
under the consonants.

تُ تِ تَ	بُ بِ بَ	اُ اِ اَ
حُ حِ حَ	جُ جِ جَ	ثُ ثِ ثَ
ذُ ذِ ذَ	دُ دِ دَ	خُ خِ خَ
سُ سِ سَ	زُ زِ زَ	رُ رِ رَ
ضُ ضِ ضَ	صُ صِ صَ	شُ شِ شَ
عُ عِ عَ	ظُ ظِ ظَ	طُ طِ طَ
قُ قِ قَ	فُ فِ فَ	غُ غِ غَ
مُ مِ مَ	لُ لِ لَ	كُ كِ كَ
هُ هِ هَ	وُ وِ وَ	نُ نِ نَ
فُ رَ ضَ	لاُ لاِ لاَ	ىُ ىِ ىَ

It is a small diagonal line written on top of a letter. It helps the emphatic consonants to be read with a heavy "a" sound like the word "art" and the soft consonants with a light "a" sound similar to the letter "e" in the word "went."

اَجَر	اَبَد	اَنَس	اَحَد	اَدَب
وَرَق	وَقَب	رَزَق	صَدَق	خَلَق
وَرَد	وَزَن	تَرَك	دَرَج	دَرَك
كَسَب	حَلَب	حَسَد	جَسَد	جَلَس
حَشَر	بَصَر	بَعَث	كَسَر	كَتَب
رَفَث	وَلَد	نَزَل	قَدَر	عَدَل
غَفَر	فَتَح	ضَرَب	دَخَل	وَجَد

The Prophet (ﷺ) said:
"The holy Qur'an revives the dead hearts."

When the consonant (ا) follows another consonant with a fatha (vowel "a") above it, then it prolongs the sound of the vowel. The minimum prolongation is to the measure of two vowels.

ذَاقَ	زَارَ	زَادَ	رَامَ	دَامَ
مَاتَ	فَاتَ	رَاحَ	طَابَ	تَابَ
بَاعَدَ	بَارَدَ	اَخَافَ	اَرَادَ	اَجَابَ
قَامَا	كَانَا	بَلَغَا	قَالَا	تَابَ
كَاتَب	قَاتَل	حَافَظَ	قَابَل	تَوَاعَدَ
مَاقَال	مَاكَذبَ	مَاقَامَ	مَاشَاءَ	مَاكَانَ
جَالَسَ	نَاصَرَ	جَاوَزَ	ظَاهَرَ	صَافَحَ

The Prophet (ﷺ) said:
There is no envy except in two: a person whom Allah has given Qur'an (i.e. religious knowledge) and he gives his decisions accordingly and teaches it to the others and a person whom Allah has given wealth and he spends it in the right way.

It is a diagonal line written under the consonants. It is pronounced as short "i" just like the letter "i" in the word "bit"

اَذِنَ	اَزِفَ	اَثِمَ	رَدِفَ	رَكِبَ
حَسِبَ	رَحِمَ	حَمِدَ	حَفِظَ	خَدِمَ
شَرِبَ	شَبِعَ	لَبِسَ	قَبِلَ	سَمِعَ
فَهِمَ	عَلِمَ	عَجِبَ	شَفِقَ	خَشِیَ
وَرِثَ	وَرِشَ	وَرِمَ	نَشِطَ	نَسِیَ
لَزِمَ	سَلِمَ	لَحِنَ	لَعِبَ	رَضِیَ
كَوَاكِبَ	سَلَاسِلَ	مَشَارِقَ	مَغَارِبَ	مَسَاكِنَ

The Prophet (ﷺ) said:
"The best of you are the ones who learn the Qur'an and teach it to others."

When the consonant (ی) follows another consonant with a kasra
(vowel "i") under it, then it prolongs the "i" sound of the vowel.
The minimum prolongation is to the measure of two vowels.

كِيلَ	كِيدَ	نِيلَ	خِيفَ	قِيلَ
نَابِى	نَادِى	شَافِى	وَافِى	كَافِى
لَفِى	اَبِى	نَاجِى	غَازِى	رَاجِى
عَظِيمُ	نَعِيمُ	جَحِيمُ	يَقِينُ	يَتِيمُ
رَاكِعِينَ	صَابِرِينَ	مَصَابِيحَ	قَوَارِيرَ	اَبَابِيلَ
هُدَى	يَسْعَى	تَعَالَى	عَلَى	اِلَى
بُشْرَى	مَوْلَى	طُوبَى	عِيسَى	مُوسَى

The Prophet (ﷺ) said:
**"Increase the reading of the Qur'an in your homes, for in a
house where Quran is not read much, its evilness is much and its
goodness is less, and its inhabitants are in continuous stress."**

Al Damma ـُـ Short vowel “u”

It is a symbol written above a consonant. It has the shape of Arabic letter (waw). It helps the consonants to be read with a “u” sound as in the word “full” or “pull.”

أُمِرَ	أَرُبَ	أَدُبَ	أُخِذَ	أُذِنَ
عَظُمَ	كَثُرَ	ضَعُفَ	كَبُرَ	حَسُنَ
جُمِعَ	غُلِبَ	حُشِرَ	ذُكِرَ	شُكِرَ
وُجِدَ	وُرِثَ	وُرِدَ	وُصِفَ	وُضِعَ
خُلِقَ	ثُلُثُ	نُزِلَ	صُحُفِ	رُسُلُ
يَجِدُ	يَلِدُ	يَقِفُ	يَرِدُ	يَصِفُ
يُعِيدُ	أُجِيبَ	تُثِيرُ	يُقَالُ	يُطَافُ

The Prophet (ﷺ) said:

“A person who has no chapter or verse from the holy Quran in his heart is like a desolate house with no one living in it.”

يَكُونُ	يَقُولُ	اَقُولُ	نَعُوذُ	اَعُوذُ
نُورُ	رُوحُ	هُودُ	لُوطُ	نُوحُ
جَلَسُو	عَمِلُوا	كَانُوا	جَابُوا	قَالُوا
يَعُودُونَ	يَسُومُونَ	يَمُوتُونَ	تَصُومُونَ	يَصُومُونَ
يَرُدُّونَ	يَقِفُونَ	يَجِدُونَ	يَصِفُونَ	يَلِدُونَ
رَاجِعُونَ	سَامِدُونَ	خَامِدُونَ	خَالِدُونَ	خَاشِعُونَ
يُجِيبُونَ	يُقِيمُونَ	يُحِيطُونَ	يُمِيتُونَ	يُرِيدُونَ

The Prophet (ﷺ) said:
"Allah will elevate some nations because of the (their respect
to) Qur'an and will lower some nations because of their lack of
attention to the Qur'an in their lives."

Sukun ْ

Sukun is a circle-shaped diacritical symbol placed above a letter. It indicates that the consonant to which it is attached is not followed by a vowel.

اِذَنْ	كَىْ	لَمْ	لَنْ	اَنْ
هِمْ	زِدْ	اِذْ	مِنْ	اِنْ
هُمْ	مُرْ	خُذْ	كُنْ	قُلْ
سَوْفَ	نَحْنُ	بَعْدَ	كَيْفَ	نِعْمَ
قَدْ قَامَتْ	مَنْ صَامَ	مَنْ مَاتَ	اِنْ تَغْفِرْ	اِنْ يَقُلْ
لَمْ يَدْخُلُوا	لَنْ يَعُودَ	وَلَمْ يَكُنْ	وَلَمْ يُولَدْ	لَمْ يَلِدْ
وَجَدْتُمْ	عَلَيْهِمْ	اَنْعَمْتَ	مُهْتَدُونَ	نَسْتَعِينُ

اَلَمْ نَشْرَحْ لَكَ صَدْرَكَ ۞ وَوَضَعْنَا عَنْكَ وِزْرَكَ ۞
اَلَّذِى اَنْقَضَ ظَهْرَكَ ۞ وَرَفَعْنَا لَكَ ذِكْرَكَ ۞

Shadda ـّـ

Shadda or Tashdid is a diacritical symbol shaped like a letter "w". It connects a letter to the following one and double their sounds.

رَبَّ	رَدَّ	دَلَّ	اَنَّ	اِنَّ
سَرَّ	فَرَّ	جَلَّ	مَدَّ	شَدَّ
حَدَّثَ	قَدَّرَ	سَبَّحَ	بَلَّغَ	عَلَّمَ
يُحَدِّثُ	يُقَدِّرُ	يُسَبِّحُ	يُبَلِّغُ	يُعَلِّمُ
اَيُّوب	قُدُّوسُ	قَيُّومُ	اَلْحَىُّ	اَلْحَقُّ
قَدَّمَتْ	كُوِّرَتْ	عَنِّى	اِنِّى	رَبِّى
عَرَّفْتُمْ	يُفَرِّقُ	نُيَسِّرُ	يُكَذِّبُ	صَدَّقَتْ

فَإِنَّ مَعَ الْعُسْرِ يُسْرًا ✳ إِنَّ مَعَ الْعُسْرِ يُسْرًا ✳

فَإِذَا فَرَغْتَ فَانْصَبْ ✳ وَإِلَى رَبِّكَ فَارْغَبْ ✳

Tanwin Al Fatha

Tanwin means nunation. It can be in one of the three forms. First it can be double fatha or the short vowel "a" followed by an "N" sound.

حَسَنًا	رَغَدًا	بُشْرًا	عَمَلًا	ثَمَنًا
كُتُبًا	نُزُلًا	عِلْمًا	كُفُوًا	سُبُلًا
عُلُوًّا	عَرَبِيًّا	حَقًّا	شَرًّا	جِدًّا
وَهَّابًا	تَوَّابًا	أَوْتَادًا	أَشْتَاتًا	أَفْوَاجًا
هُودًا	بَصِيرًا	سَمِيعًا	كَبِيرًا	رُجُومًا
عَظِيمًا	صَبْرًا	دُعَاءً	نِدَاءً	جَزَاءً
صَرْصَرًا	رُسُلًا	عُرُبًا	مُكْرَمًا	مُحْسِنًا

(وَأَرْسَلَ عَلَيْهِمْ طَيْرًا أَبَابِيلَ)

(وَكَانَ اللَّهُ عَفُوًّا غَفُورًا)

Tanwin Al Kasra

First it can be double kasra or the short
vowel "i" followed by an "N" sound.

وَرَعٍ	وَرِدٍ	وَزْنٍ	وَرَقٍ	لَهَبٍ
وَاحِدًا	كَاذِبٍ	فَاسِقٍ	غَاسِقٍ	حَاسِدٍ
سَلَامٍ	كِرَامٍ	جَوَابٍ	كَلَامٍ	قِيَامٍ
تَضْلِيلٍ	كَعَصْفٍ	قُرَيْشٍ	سِجِّيلٍ	مَأْكُولٍ
مَمْنُونٍ	مَسَدٍ	يَوْمَئِذٍ	مِنْ جُوعٍ	كَبِدٍ
صَفٍّ	جَدٍّ	غَنِيٍّ	شَرٍّ	عَلِيٍّ
إِمْكَانٍ	إِنْكَارٍ	إِسْلَامٍ	إِيمَانٍ	إِحْسَانٍ

(تَرْمِيهِمْ بِحِجَارَةٍ مِنْ سِجِّيلٍ ۞ فَجَعَلَهُمْ كَعَصْفٍ مَأْكُولٍ)

(الَّذِي أَطْعَمَهُمْ مِنْ جُوعٍ وَآمَنَهُمْ مِنْ خَوْفٍ)

Tanwin Al Damma ـٌ

First it can be double damma or the short
vowel "u" followed by an "N" sound.

زَرْعٌ	اُمٌّ	اَرْضٌ	اَبَدٌ	اَزَلٌ
كَاشِفٌ	حَافِظٌ	حَامِدٌ	خَالِقٌ	غَالِبٌ
مِيزَانٌ	فُرْقَانٌ	غُفْرَانٌ	رَزَّاقٌ	رَازِقٌ
مَجِيدٌ	حَمِيدٌ	خَبِيرٌ	شَدِيدٌ	شَهِيدٌ
كِتَابٌ	لِبَاسٌ	مَتَاعٌ	طَعَامٌ	سَلَامٌ
سِنَةٌ	قُدُّوسٌ	وُجُودٌ	رَسُولٌ	مُحَمَّدٌ
حُبٌّ	عَرَبِيٌّ	عُلُوٌّ	شِفَاءٌ	اَدَاءٌ

(فِيهَا عَيْنٌ جَارِيَةٌ ✳ فِيهَا سُرُرٌ مَرْفُوعَةٌ)

(لَا تَأْخُذُهُ سِنَةٌ وَلَا نَوْمٌ ✳ وَاللّٰهُ سَمِيعٌ عَلِيمٌ)

Pronoun (Ha) ـه

The sound of Arabic third person pronoun "ha" which is attached to the end of a word should be prolonged, if the previous letter is vocalized. Otherwise it should be read as a short letter.

رَبُّهُ	مَالُهُ	قَوْلُهُ	اَهْلُهُ	لَهُ
وَجْهَهُ	اَجْرَهُ	بَيْنَهُ	شَطْرَهُ	خَلْقُهُ
خَلْفَهُ	بَعْدَهُ	بِاذْنِهِ	رُسُلِهِ	كُتُبِهِ
اَبِيهِ	زِينَتِهِ	سَبِيلِهِ	عِلْمِهِ	رِزْقِهِ
لَقِيَهُ	وَنُصْلِهِ	نُوَلِّهِ	بِعَبَادِهِ	بِرَحْمَتِهِ
فِيهِ	عَمِلْتَهُ	نُذِقْهُ	اِلَيْهِ	عَلَيْهِ
عَقَلُوهُ	عَلَّمْنَاهُ	اَنْجَيْنَاهُ	يُغْنِيهِ	يَهْدِيهِ

(وَصَاحِبَتِهِ وَبَنِيهِ) (آمَنَّا بِهِ وَعَلَيْهِ تَوَكَّلْنَا)

(وَمَا يُغْنِى عَنْهُ مَالُهُ إِذَا تَرَدَّى)

The symbol of Madd ‿

It is a straight like on top of the letter,
and it is pronounced in a long sound.

اَوْلِيَآءَ	جِىٓءَ	سُوٓءَ	شَآءَ	جَآءَ
يَآاَيُّهَا	لَآاَعْبُدُ	اِذَاجَآءَ	اَبَآؤُكُمْ	اَبْنَآؤُكُمْ
دَآبَّةٌ	كَآفَّةٌ	اَلْحَآقَّةُ	مَلٰٓئِكَةُ	اُولٰٓئِكَ
يَشَآءُ	شُهَدَآءُ	اِنَّآ اِلَيْهِ	سَوَآءٌ	قَآئِمَةً

Another prolongation symbol

This is a short vertical line placed below or above a letter. It indicates prolongation of the vowel. The minimum amount of prolongation is the measure of the sound of a vowel.

اٰمَنَ	اٰدَمَ	اٰيَاتٌ	هٰذَا	هٰهُنَا
رَحْمٰنٌ	قُرْاٰنٌ	لُقْمٰنُ	سَمٰوَاتٌ	اٰتِ
اِبْرٰهِيمَ	اِسْمٰعِيلُ	هٰرُونُ	اِلٰهُكُمْ	اٰتٰهُمْ
فَاٰوٰيكُمْ	صَلٰوةٌ	زَكٰوةٌ	حَيٰوةٌ	وَالضُّحٰى

خَلَوْا	رَاَوْا	اٰمَنُوْا	قَامُوْا	قَالُوْ
وَارْعَوْا	وَارْحَمْنَا	وَاغْفِرْلَنَا	وَالْبَعْثُ	وَالْحَمْدُ
وَالزَّيْتُوْنِ	وَالتِّيْنِ	وَالنَّاسُ	وَالشَّمْسُ	وَالسَّلَامُ
تَهْتَدُوْا	وَالصَّيْفِ	وَالزَّاهِدُ	وَالذَّاكِرُ	وَالنَّجْمِ

Lafzatullah (الله)

اَهْلُ الله	مِنَ الله	تَاللهِ	بِاللهِ	اَللهُ
يُثَبِّتُ الله	رَسُوْلُ الله	نِعْمَةَ الله	رَضِىَ الله	لَكِنَّ الله
وَلِلّٰه	بِاِذْنِ الله	بِعِلْمِ الله	اٰيَاتُ الله	نَصْرُ الله
شَعَائِرُ الله	عَبْدُ الله	عِنْدَ الله	مِنْ عِنْدِ الله	مِنْ اٰيَاتِ الله

<table>
<tr><td>

Call for the actual beginning of prayer (Iqamah)

</td><td>

Call for prayer (Adhan)

</td></tr>
<tr><td>

اَللّٰهُ اَكْبَرُ، اَللّٰهُ اَكْبَرُ

أَشْهَدُ اَنْ لَا اِلٰهَ اِلَّا اللهُ

أَشْهَدُ اَنَّ مُحَمَّدًا رَسُولُ اللهِ

حَيَّ عَلَى الصَّلَاةِ

حَيَّ عَلَى الْفَلَاحِ

قَدْ قَامَتِ الصَّلَاةُ

اَللّٰهُ اَكْبَرُ، اَللّٰهُ اَكْبَرُ

لَا اِلٰهَ اِلَّا اللهُ

</td><td>

اَللّٰهُ اَكْبَرُ، اَللّٰهُ اَكْبَرُ

اَللّٰهُ اَكْبَرُ، اَللّٰهُ اَكْبَرُ

أَشْهَدُ اَنْ لَا اِلٰهَ اِلَّا اللهُ

أَشْهَدُ اَنْ لَا اِلٰهَ اِلَّا اللهُ

أَشْهَدُ اَنَّ مُحَمَّدًا رَسُولُ اللهُ

أَشْهَدُ اَنَّ مُحَمَّدًا رَسُولُ اللهُ

حَيَّ عَلَى الصَّلَاةِ

حَيَّ عَلَى الصَّلَاةِ

حَيَّ عَلَى الْفَلَاحِ

حَيَّ عَلَى الْفَلَاحِ

اَللّٰهُ اَكْبَرُ، اَللّٰهُ اَكْبَرُ

لَا اِلٰهَ اِلَّا اللهُ

</td></tr>
</table>

Invocation recited after call f or a prayer (Adhan)

اَللّٰهُمَّ رَبَّ هٰذِهِ الدَّعْوَةِ التَّامَّةِ، وَالصَّلَاةِ الْقَائِمَةِ،

اٰتِ مُحَمَّدًا الْوَسِيلَةَ وَالْفَضِيلَةَ، وَالدَّرَجَةَ

الرَّفِيعَةَ، وَابْعَثْهُ مَقَامًا مَحْمُودًا الَّذِى وَعَدْتَهُ.

Short supplications recited during the prayer (Salat)

This is recited three or five times during the bowing down (ruku').	سُبْحَانَ رَبِّيَ الْعَظِيمِ
This is recited while getting up from the bowing down (ruku').	سَمِعَ اللهُ لِمَنْ حَمِدَهُ
This is recited after completely standing up from bowing down (ruku').	رَبَّنَا لَكَ الْحَمْدُ
This is recited three or five times during prostration.	سُبْحَانَ رَبِّيَ الْأَعْلَى
This is recited at the end of prayer when giving salutations to the right and left sides.	اَلسَّلَامُ عَلَيْكُمْ وَرَحْمَةُ اللهِ
This is recited after salutation.	اَللّهُمَّ أَنْتَ السَّلَامُ وَمِنْكَ السَّلَامُ تَبَارَكْتَ يَاذَلْجَلَالِ وَلِاكْرَامِ

وَجَّهْتُ وَجْهِيَ لِلَّذِي فَطَرَ السَّمٰوَاتِ وَالْأَرْضَ حَنِيفًا
مُسْلِمًا وَمَا أَنَا مِنَ الْمُشْرِكِينَ إِنَّ صَلَاتِي وَنُسُكِي
وَمَحْيَايَ وَمَمَاتِي لِلهِ رَبِّ الْعَالَمِينَ لَا شَرِيكَ لَهُ وَبِذٰلِكَ
أُمِرْتُ وَأَنَا مِنَ الْمُسْلِمِينَ

اَلتَّحِيَّاتُ لِلهِ، الزَّاكِيَاتُ لِلهِ، اَلطَّيِّبَاتُ الصَّلَوَاتُ لِلهِ،
اَلسَّلَامُ عَلَيْكَ اَيُّهَا النَّبِيُّ وَرَحْمَةُ اللهِ وَبَرَكَاتُهُ، اَلسَّلَامُ
عَلَيْنَا وَعَلَى عِبَادِ اللهِ الصَّالِحِينَ، اَشْهَدُ اَنْ لَآ اِلٰهَ اِلَّا اللهُ
وَحْدَهُ لَا شَرِيكَ لَهُ، وَاَشْهَدُ اَنَّ مُحَمَّدًا عَبْدُهُ وَرَسُولُهُ

اَللّٰهُمَّ صَلِّ عَلَى مُحَمَّدٍ وَعَلَى اٰلِ مُحَمَّدٍ كَمَا صَلَّيْتَ
عَلَى إِبْرَاهِيمَ وَعَلَى اٰلِ إِبْرَاهِيمَ وَبَارِكْ عَلَى مُحَمَّدٍ
وَعَلَى اٰلِ مُحَمَّدٍ كَمَا بَارَكْتَ عَلَى إِبْرَاهِيمَ وَعَلَى اٰلِ
إِبْرَاهِيمَ إِنَّكَ حَمِيدٌ مَجِيدٌ

اللَّهُمَّ إِنَّا نَسْتَعِينُكَ وَنَسْتَغْفِرُكَ، وَنُؤْمِنُ بِكَ وَنَتَوَكَّلُ عَلَيْكَ، وَنُثْنِي عَلَيْكَ الْخَيْرَ كُلَّهُ، نَشْكُرُكَ وَلَا نَكْفُرُكَ، وَنَخْنَعُ لَكَ وَنَخْلَعُ وَنَتْرُكُ مَن يَكْفُرُكَ، اللَّهُمَّ إِيَّاكَ نَعْبُدُ، وَلَكَ نُصَلِّي وَنَسْجُدُ، وَإِلَيْكَ نَسْعَى وَنَحْفِدُ، نَرْجُو رَحْمَتَكَ وَنَخَافُ عَذَابَكَ الْجِدَّ، إِنَّ عَذَابَكَ بِالْكَافِرِينَ مُلْحِقٌ .

اَللُّهُمَّ اغْفِرْ لِي مَا قَدَّمْتُ وَمَا أَخَّرْتُ، وَمَا أَسْرَرْتُ وَمَا أَعْلَنْتُ وَمَا أَسْرَفْتُ، وَمَا أَنْتَ أَعْلَمُ بِهِ مِنِّي أَنْتَ الْمُقَدِّمُ وَأَنْتَ الْمُؤَخِّرُ لَا إِلَهَ إِلَّا أَنْتَ، اَللُّهُمَّ إِنِّي أَعُوذُ بِكَ مِنْ عَذَابِ جَهَنَّمَ، وَمِنْ عَذَابِ الْقَبْرِ، وَمِنْ فِتْنَةِ الْمَحْيَا وَالْمَمَاتِ، وَمِنْ شَرِّ فِتْنَةِ الْمَسِيحِ الدَّجَّالِ، وَمِنَ الْمَغْرَمِ وَالْمَأْثَمِ.

PILLARS OF FAITH

اَللهُ اَكْبَرْ

اٰمَنْتُ بِاللهِ وَمَلٰئِكَتِهِ وَكُتُبِهِ وَرُسُلِهِ وَالْيَوْمِ الْاٰخِرِ وَبِالْقَدَرِ خَيْرِهِ
وَشَرِّهِ مِنَ اللهِ تَعَالٰى وَالْبَعْثُ بَعْدَالْمَوْتِ حَقٌّ ۝ اَشْهَدُ اَنْ
لَا اِلٰهَ اِلَّا اللهُ ۝ وَاَشْهَدُ اَنَّ مُحَمَّدًا عَبْدُهُ وَرَسُولُهُ ۝

I believe in Allah, in His angels, in His books, in His messengers, in the Last
Day (Day of Judgment) and in the fact that everything good or bad is decided
by Allah, the Almighty, and I also heartily believe in life after death (and
resurrection). All of them are true and right. I witness that there is no god but
Allah and I witness that Hazrat Muhammad is his slave and messenger.

SURAT AL-FATIHA:
THE OPENING

بِسْمِ اللهِ الرَّحْمٰنِ الرَّحِيمِ ﴿١﴾ اَلْحَمْدُ لِلّٰهِ رَبِّ الْعَالَمِينَ ﴿٢﴾
الرَّحْمٰنِ الرَّحِيمِ ﴿٣﴾ مَالِكِ يَوْمِ الدِّينِ ﴿٤﴾ اِيَّاكَ نَعْبُدُ وَاِيَّاكَ
نَسْتَعِينُ ﴿٥﴾ اِهْدِنَا الصِّرَاطَ الْمُسْتَقِيمَ ﴿٦﴾ صِرَاطَ الَّذِينَ
اَنْعَمْتَ عَلَيْهِمْ غَيْرِ الْمَغْضُوبِ عَلَيْهِمْ وَلَا الضَّالِّينَ ﴿٧﴾

In the name of Allah, the infinitely Compassionate and Merciful. Praise be to
God, Lord of all the worlds. The Compassionate, the Merciful. Ruler on the Day
of Reckoning. You alone do we worship, and You alone do we ask for help. Guide
us on the straight path, the path of those who have received your grace; not the
path of those who have brought down wrath, nor of those who wander astray.

بِسْمِ اللهِ الرَّحْمٰنِ الرَّحِيمِ

اَلَمْ تَرَ كَيْفَ فَعَلَ رَبُّكَ بِاَصْحَابِ الْفِيلِ ۝١ اَلَمْ يَجْعَلْ كَيْدَهُمْ فِي تَضْلِيلٍ ۝٢ وَاَرْسَلَ عَلَيْهِمْ طَيْرًا اَبَابِيلَ ۝٣ تَرْمِيهِمْ بِحِجَارَةٍ مِنْ سِجِّيلٍ ۝٤ فَجَعَلَهُمْ كَعَصْفٍ مَأْكُولٍ ۝٥

بِسْمِ اللهِ الرَّحْمٰنِ الرَّحِيمِ

لِاِيلَافِ قُرَيْشٍ ۝١ اٖيلَافِهِمْ رِحْلَةَ الشِّتَاءِ وَالصَّيْفِ ۝٢ فَلْيَعْبُدُوا رَبَّ هٰذَا الْبَيْتِ ۝٣ الَّذٖي اَطْعَمَهُمْ مِنْ جُوعٍ وَاٰمَنَهُمْ مِنْ خَوْفٍ ۝٤

بِسْمِ اللهِ الرَّحْمٰنِ الرَّحِيمِ

اَرَاَيْتَ الَّذِي يُكَذِّبُ بِالدِّينِ ۞١۞ فَذٰلِكَ الَّذِي يَدُعُّ الْيَتِيمَ ۞٢۞ وَلَا يَحُضُّ عَلَى طَعَامِ الْمِسْكِينِ ۞٣۞ فَوَيْلٌ لِّلْمُصَلِّينَ ۞٤۞ الَّذِينَ هُمْ عَنْ صَلَاتِهِمْ سَاهُونَ ۞٥۞ الَّذِينَ هُمْ يُرَآؤُنَ ۞٦۞ وَيَمْنَعُونَ الْمَاعُونَ ۞٧۞

بِسْمِ اللهِ الرَّحْمٰنِ الرَّحِيمِ

اِنَّا اَعْطَيْنَاكَ الْكَوْثَرَ ۞١۞ فَصَلِّ لِرَبِّكَ وَانْحَرْ ۞٢۞ اِنَّ شَانِئَكَ هُوَ الْاَبْتَرُ ۞٣۞

بِسْمِ اللهِ الرَّحْمٰنِ الرَّحِيمِ

قُلْ يَا اَيُّهَا الْكَافِرُونَ ﴿١﴾ لَآ اَعْبُدُ مَا تَعْبُدُونَ ﴿٢﴾ وَلَآ اَنْتُمْ عَابِدُونَ مَآ اَعْبُدُ ﴿٣﴾ وَلَآ اَنَا عَابِدٌ مَا عَبَدْتُمْ ﴿٤﴾ وَلَآ اَنْتُمْ عَابِدُونَ مَآ اَعْبُدُ ﴿٥﴾ لَكُمْ دِينُكُمْ وَلِيَ دِينِ ﴿٦﴾

بِسْمِ اللهِ الرَّحْمٰنِ الرَّحِيمِ

اِذَا جَآءَ نَصْرُ اللهِ وَالْفَتْحُ ﴿١﴾ وَرَاَيْتَ النَّاسَ يَدْخُلُونَ فِي دِينِ اللهِ اَفْوَاجاً ﴿٢﴾ فَسَبِّحْ بِحَمْدِ رَبِّكَ وَاسْتَغْفِرْهُ اِنَّهُ كَانَ تَوَّاباً ﴿٣﴾

بِسْمِ اللهِ الرَّحْمٰنِ الرَّحِيمِ

تَبَّتْ يَدَا أَبِي لَهَبٍ وَتَبَّ ﴿١﴾ مَا أَغْنَى عَنْهُ مَالُهُ وَمَا كَسَبَ ﴿٢﴾ سَيَصْلَى نَارًا ذَاتَ لَهَبٍ ﴿٣﴾ وَامْرَأَتُهُ حَمَّالَةَ الْحَطَبِ ﴿٤﴾ فِي جِيدِهَا حَبْلٌ مِنْ مَسَدٍ ﴿٥﴾

بِسْمِ اللهِ الرَّحْمٰنِ الرَّحِيمِ

قُلْ هُوَ اللهُ أَحَدٌ ﴿١﴾ اللهُ الصَّمَدُ ﴿٢﴾ لَمْ يَلِدْ وَلَمْ يُولَدْ ﴿٣﴾ وَلَمْ يَكُنْ لَهُ كُفُوًا أَحَدٌ ﴿٤﴾

بِسْمِ اللَّهِ الرَّحْمَنِ الرَّحِيمِ

قُلْ اَعُوذُ بِرَبِّ الْفَلَقِ ﴿١﴾ مِنْ شَرِّ مَا خَلَقَ ﴿٢﴾ وَمِنْ شَرِّ غَاسِقٍ اِذَا وَقَبَ ﴿٣﴾ وَمِنْ شَرِّ النَّفَّاثَاتِ فِي الْعُقَدِ ﴿٤﴾ وَمِنْ شَرِّ حَاسِدٍ اِذَا حَسَدَ ﴿٥﴾

بِسْمِ اللَّهِ الرَّحْمَنِ الرَّحِيمِ

قُلْ اَعُوذُ بِرَبِّ النَّاسِ ﴿١﴾ مَلِكِ النَّاسِ ﴿٢﴾ اِلٰهِ النَّاسِ ﴿٣﴾ مِنْ شَرِّ الْوَسْوَاسِ الْخَنَّاسِ ﴿٤﴾ اَلَّذِي يُوَسْوِسُ فِي صُدُورِ النَّاسِ ﴿٥﴾ مِنَ الْجِنَّةِ وَالنَّاسِ ﴿٦﴾

بِسْمِ اللهِ الرَّحْمٰنِ الرَّحِيمِ

اَللهُ لَا اِلٰهَ اِلَّا هُوَ اَلْحَيُّ الْقَيُّومُ لَا تَأْخُذُهُ سِنَةٌ وَلَا نَوْمٌ لَهُ مَا فِي السَّمٰوَاتِ وَمَا فِي الْاَرْضِ مَنْ ذَا الَّذِي يَشْفَعُ عِنْدَهُ اِلَّا بِاِذْنِهِ يَعْلَمُ مَا بَيْنَ اَيْدِيهِمْ وَمَا خَلْفَهُمْ وَلَا يُحِيطُونَ بِشَيْءٍ مِنْ عِلْمِهِ اِلَّا بِمَا شَاءَ وَسِعَ كُرْسِيُّهُ السَّمٰوَاتِ وَالْاَرْضَ وَلَا يَؤُودُهُ حِفْظُهُمَا وَهُوَ الْعَلِيُّ الْعَظِيمُ ﴿٢٥٦﴾

In the name of Allah the Most Merciful, and Infinitely Compassionate Allah, There is no god but He, The Living, the Everlasting, Slumber seizes Him not, neither sleep, To Him belongs all that is in the heavens and the earth. Who is there that can intercede with His, except by His leave? He knows what lies before them and what is after them, And they comprehend not anything of His Knowledge save as He wills. His throne comprises the heavens and the earth, The preserving of them fatigues Him not, And He is the All-High, All-Glorious.

FUNDAMENTALS TO BE KNOWN

(Amantu) The Pillars of Belief:

1- Belief in Allah's existence and oneness.
2- Belief in Allah's angels.
3- Belief in the books sent by Allah.
4- Belief in Allah's prophets.
5- Belief in the Last Day and the Resurrection after death.
6- Belief that the Good and the Bad come from Allah.

The Pillars of Islam:

1- Saying the *shahadah*.
2- Fasting in Ramadan.
3- Praying five times a day.
4- Making the Hajj, if it is *fard* (necessary) for you.
5- The paying of *zakat* (charity) by the rich on their wealth, once a year.

The Fard (Obligatory) Acts of Wudu' (Minor Ablution):

1- Stating the intention in the heart to perform wudu'
2- Washing the face once.
3- Washing the arms up to and including the elbows.
4- Wiping the whole head.
5- Washing the feet up to the ankles.
6- Doing all the above-mentioned acts one after another without giving a break between them
7- Rubbing the limbs gently while washing to be sure that water contacts the skin

The Fard (Obligatory) Acts of Ghusl (major ablution):

1- Stating the intention in the heart to perform *ghusl*
2- As in ablution, doing all the acts of ghusl one after another without giving a break.

3- Rubbing the body while washing.
4- Ensuring that the water penetrates any and all hair on the body.
5- Washing the entire body without leaving and dry spot. According to the Maliki School, the mouth, the nose, the ear canal and the eyes are not included in 'the body', rather, what is required, in their view, is that one wash the outside of the entire body.

The Fard (Obligatory) Acts of Tayammum (dry ablution):

1- First, stating the intention in the heart to perform *tayammum* to make it permissible either to perform ritual prayer, touch the Qur'an, or engage in some other act of worship which requires ritual purity.
2- Second, using "purifying dust", that is, soil which has never been contaminated by ritual impurity
3- Third striking clean soil once.
4- Fourth wiping the entire face and hands up to the wrists
5- Fifth maintaining continuity, not only between the various actions included in the dry ablution itself, but also between the dry ablution and for whatever the act of worship it is performed.

The Fard (Obligatory) Acts of Salah (the Prayer):

A. Condition for prayer to be obligatory:

1- In order for prayer to be obligatory (wajib) only one condition must be met. This condition is that the person who performs the prayer has to have reached the age of puberty.

B. Conditions Necessary for the Validity of Prayer

1. Bing a Muslim
2. Purification from *hadath* (spiritual impurities): Cleansing oneself from *hadath*, spiritual impurities that cannot be seen with the eye, by performing *wudu'*, *ghusl*, or *tayammum*.
3. Purification from *najasat* (physical impurities): Cleansing oneself from *najasah* (physical impurities) that may be seen with the eye, the clothes, and the place where prayer will be performed.
4. *Satru'l-'awrah* (Covering of the Body): Covering the parts of the body that, according to Islamic law, must not be seen by others. For men, the part of the body that needs to be covered is from the navel to the knees; for women, the entirte body should be covered except the hands, face, and feet.
5. Turning toward the *Qiblah* (direction of prayer): Facing towards the direction of Ka'ba during prayer.

C. Conditions for a Prayer to be Valid and Obligatory (fard)

1. The knowledge of the command of Islam that prayer is obligatory (fard) has to reach the individuals.
2. To be sane
3. Time: Performing each prayer during its prescribed time.
4. Being able to find water or clean soil that is necessary for cleansing oneself from *hadath*
5. Not being asleep and not being unwary of prayer.
6. For women, not being in the state of bleeding after menstruation or post partum bleeding.

D- Pillars of Prayer)

1. Intention (niyyah): To intend for the prayer to be performed. The important thing in intention is to intend for the prayer to be performed from one's heart.
2. The opening *takbir* ("Allahu Akbar"): Starting the prayer with "Allahu Akbar."
3. Saying the Opening Takbir (Takbir al-Iftitah) in standing position (al-Qiyam):
4. Reciting the Opening Chapter of the Noble Quran (Surah al-Fatiha): One must recite Surah al-Fatiha in each rakah of the prayer.
5. Reciting the Surah al-Fatiha in standing position (al-Qiyam).
6. *Ruku'*: Bowing down
7. The Standing (al-Qiyam) back after Bowing (al-Ruku): To stand back for a while after bowing (al-Ruku).
8. *Sajdah*: Prostration
9. Sitting (al-jalsah) between the two prostrations (al-Sajdah).
10. As-Salam: "Upon finishing the prayer, one completes the prayer by saying the greeting "Assalamu alaikum" once. One may add "wa rahmatullah wa barakatuh."
11. Being in a sitting position when saying as-Salam.
12. Composure: It refers to calm and proper pausing when standing after bowing, when sitting after the first prostration, when sitting while giving as-Salam, and when standing while reciting the Opening Takbir.
13. Tumaneenah (staying still for a while): Performing the pillars of prayer properly. In other words, performing the pillars of prayer such as standing, bowing, sitting, and prostration in awe, and properly without hurrying.
14. The Order: It refers to performing the pillars of prayer in order. According to this, in prayer: We first make intention (al-Niyah), say the Opening Takbir (Takbir al-Iftitah), recite the Surah al-Fatiha, perform bowing (al-Ruku), rise from bowing, and give as-Salam.